Den osynliga smärtan

Felix Sandberg & Hampus Israelsson

Kapitel 1

En resa inåt

Ibland är den smärta som tränger djupt in i själen osynlig för blotta ögat. Den existerar i tystnad, i ett dolt landskap av känslor och tankar som kan vara lika överväldigande som den mest intensiva fysiska plågan. Den osynliga smärtan är en skugga som följer många av oss genom livet, en kontrollerande kraft som ofta lämnar oss ensamma i vår kamp. I denna bok vill vi utforska och belysa just denna typ av smärta, som få känner till men många lider av.

Psykisk ohälsa är ett komplext och svårförståeligt ämne. Det är ett område där många av oss finner oss själva tysta eller fyllda med skam. För många människor är det oerhört mycket lättare att diskutera fysisk smärta, att peka på brutna ben eller synliga sår, än att öppna sig om de känslomässiga och psykiska utmaningar de står inför. Men det är viktigt att förstå att den osynliga smärtan är lika verklig som någon fysisk skada, och dess effekter kan vara både långvariga och förlamande. På samma sätt som fysiska skador kan hindra oss från att fungera, kan psykisk ohälsa påverka vår förmåga att leva ett fullgott liv.

I denna bok kommer vi att lyfta fram röster från de som har upplevt den osynliga smärtan på nära håll. Genom dessa berättelser kommer vi att få en inblick i hur psykisk ohälsa kan manifestera sig i olika former – från ångest och depression till mer allvarliga tillstånd som bipolär sjukdom och schizofreni. Vi kommer att höra om striderna, de mörka stunderna av tvivel och förtvivlan, men också om segrar, styrka och gemenskap. Genom att dela dessa berättelser hoppas vi på att öppna dörrar till förståelse och empati, både för dem som lider och för de som är nära dem.

Vi kommer också att erbjuda vägledning och stöd för dem som kämpar med psykisk ohälsa eller känner någon som gör det. Vi kommer att diskutera olika copingstrategier, behandlingsalternativ och viktiga verktyg som kan hjälpa individer att navigera i sin resa mot läkning och återhämtning. Det är avgörande att komma ihåg att det alltid finns hopp, och att läkande inte bara är möjligt, men en verklighet som många har uppnått.

Framför allt kommer vi att betona vikten av att bryta tystnaden kring psykisk ohälsa. Att våga prata om våra känslor, att söka hjälp och att visa sårbarhet är inte tecken på svaghet, utan av sanna former av styrka och mod. I vår moderna värld, där självkänsla ofta mäts i prestationer och yttre framgångar, är det avgörande att vi utvecklar en kultur där vi uppmuntrar varandra att dela våra känslor och erfarenheter. Genom att öppna upp och dela med oss av våra berättelser kan vi motverka den skam som många känner och skapa en miljö där alla kan känna sig sedda, hörda och accepterade.

Vi bjuder in dig att vara med oss i denna viktiga och meningsfulla resa. Välkommen till ”*Den Osynliga Smärtan*”. Vi hoppas att denna bok ska vara en källa till tröst, kunskap och inspiration för alla som bär på den osynliga bördan av psykisk ohälsa. Må den fungera som en påminnelse om att vi inte är ensamma, och att tillsammans kan vi skapa förståelse och stöd, för ett mer empatiskt och medkännande samhälle.

KAPITEL 2

Att definiera psykisk ohälsa

Psykisk ohälsa är ett brett begrepp som påverkar en persons mentala och känslomässiga välbefinnande på olika sätt. Det innefattar en mängd olika tillstånd och sjukdomar som kan påverka hur en person tänker, känner och agerar. Psykisk ohälsa kan vara tillfällig eller långvarig och kan ha olika orsaker, inklusive genetiska, biologiska, psykologiska och miljömässiga faktorer. Det är viktigt att förstå att psykisk ohälsa är lika verklig och legitim som fysiska sjukdomar och att den kan påverka människor i alla åldrar och bakgrunder.

Några vanliga former av psykisk ohälsa inkluderar:

Ångest

Ångest är ett tillstånd som kan ta sig många olika uttryck och innefatta flera typer, såsom generaliserad ångest, panikångest, social ångest och olika typer av fobier. Generaliserad ångest innebär ofta en konstant och överdriven oro för vardagliga saker, medan panikångest karaktäriseras av plötsliga och intensiva attacker av rädsla eller panik. Social ångest handlar i sin tur om en stark rädsla för att bli dömd eller granskad av andra i sociala sammanhang, och fobier är extrema rädslor för specifika situationer eller objekt, som till exempel spindlar eller höga höjder.

Ångest kan upplevas på olika sätt från person till person och påverkar varje individ unikt. Hos vissa kan ångest kännas som en gnagande oro som alltid finns närvarande i bakgrunden, medan det hos andra kan visa sig i plötsliga och överväldigande panikattacker. De fysiska symptomen kan variera och inkludera allt från hjärtklappning, svettningar och yrsel, till illamående och svårigheter att andas. Oavsett hur ångesten yttrar sig, är det vanligt att känslorna av oro och rädsla påverkar vardagen och gör det svårt att fokusera på arbete, sociala relationer eller andra aktiviteter. Detta kan leda till att individer isolerar sig eller undviker vissa situationer för att inte trigga ångesten.

Det är viktigt att komma ihåg att ångest är en normal känsla i vissa situationer, men när den blir överdriven eller okontrollerbar kan den börja påverka livskvaliteten negativt. Det finns dock många verktyg och strategier som kan hjälpa individer att hantera ångesten och återfå kontrollen över sitt liv. Att praktisera djupandningsövningar kan vara ett effektivt sätt att lugna ner kroppen och minska de fysiska symptomen på ångest, eftersom det hjälper till att aktivera kroppens naturliga avslappningsrespons. Mindfulness och meditation är andra användbara tekniker, eftersom de hjälper till att rikta uppmärksamheten till nuet och minska de oroande tankarna som ofta följer med ångest.

Regelbunden motion är också ett kraftfullt verktyg i kampen mot ångest. Fysisk aktivitet frigör endorfiner, kroppens naturliga "må bra"-hormoner, och kan minska stressnivåerna. Dessutom hjälper motion till att förbättra sömnen, vilket är avgörande eftersom sömnproblem ofta kan förvärra ångest. För vissa kan kostförändringar och att undvika koffein eller socker också hjälpa, eftersom dessa ämnen kan öka nervositet och oro.

Förutom dessa egenvårdsstrategier är det viktigt att söka professionell hjälp om ångesten blir svår att hantera på egen hand. Terapi, särskilt kognitiv beteendeterapi (KBT), har visat sig vara mycket effektivt för att hjälpa individer att förstå och förändra de tankemönster som bidrar till deras ångest. Rådgivning och samtalsterapi kan också ge värdefullt stöd, och i vissa fall kan medicinering under en period vara en del av behandlingsplanen. Genom att kombinera dessa olika strategier kan många individer lära sig att hantera sin ångest och leva ett mer balanserat och fridfullt liv.

Depression

Depression är ett tillstånd som ofta kännetecknas av en ihållande och djup nedstämdhet som kan vara svår att skaka av sig, oavsett yttre omständigheter. För många innebär det en överväldigande känsla av hopplöshet och en oförmåga att känna glädje eller intresse för aktiviteter som de tidigare uppskattat. Detta kan inkludera allt från hobbies och socialt umgänge till arbete eller andra dagliga sysslor. I samband med detta kan det också uppstå fysiska och emotionella symtom, såsom försämrad aptit eller en totalt förlust av matlust, vilket ibland leder till ofrivillig viktminskning. För andra kan det ta sig uttryck i en motsatt form, där överätande blir ett sätt att hantera den emotionella smärtan.

Depression kan också medföra en konstant känsla av trötthet och brist på energi, vilket gör det svårt att genomföra även de enklaste vardagliga uppgifterna. Många upplever också störd sömn, antingen genom att de sover för mycket eller har svårt att somna och sova tillräckligt. Denna trötthet och brist på motivation kan skapa en ond cirkel, där man undviker aktiviteter och sociala sammanhang, vilket i sin tur kan förstärka de depressiva känslorna och isoleringen.

Att hantera depression på ett effektivt sätt kan vara en stor utmaning, men det är viktigt att komma ihåg att det finns olika strategier och resurser som kan göra skillnad. Ett av de första och viktigaste stegen kan vara att söka professionell hjälp. Terapi, särskilt kognitiv beteendeterapi (KBT), är en väl beprövad metod för att hjälpa individer att identifiera och förändra negativa tankemönster som bidrar till depressionen. Genom att arbeta med en terapeut kan man lära sig nya sätt att hantera känslor och hitta vägar att återfå kontrollen över sitt liv. Rådgivning och samtalsterapi kan också erbjuda ett tryggt utrymme att ventilera känslor och bearbeta de underliggande orsakerna till depressionen.

Förutom terapi kan det vara värdefullt att skapa en stödjande rutin i vardagen som hjälper till att förbättra det fysiska och psykiska välbefinnandet. Regelbunden motion, även i form av enkla promenader, har visat sig ha en positiv effekt på depression genom att frigöra endorfiner och andra "må bra"-hormoner som kan förbättra humöret. Att äta en balanserad kost rik på näringsämnen kan också hjälpa till att stabilisera humöret och ge kroppen den energi som behövs för att orka med dagen. Sömn är en annan viktig komponent i återhämtningen, och att försöka upprätthålla en regelbunden sömnrytm, med tillräckligt med sömn varje natt, kan göra stor skillnad.

Utöver dessa fysiska åtgärder kan det vara väldigt hjälpsamt att prata öppet med nära vänner eller familjemedlemmar om vad man går igenom. Depression kan ofta kännas isolerande, men att dela sina känslor och tankar med någon som man litar på kan minska den känslan av ensamhet. Ett starkt stödnätverk kan erbjuda emotionellt stöd, vilket kan vara avgörande när man kämpar med depression. Ibland kan det vara svårt att öppna upp sig om sina innersta tankar och känslor, men att ha någon som lyssnar utan att döma kan vara en viktig del av läkningsprocessen.

Sammanfattningsvis är depression ett komplext tillstånd som kan ha en betydande inverkan på en individs liv, men det finns flera vägar att hantera det på. Att kombinera professionell hjälp som terapi med sunda livsstilsvanor och ett starkt socialt stöd kan vara nyckeln till att återfå välbefinnande och livskvalitet. Det är viktigt att förstå att vägen till återhämtning ofta är individuell, och det kan ta tid att hitta vad som fungerar bäst, men med rätt stöd och resurser finns det möjligheter att må bättre igen.

Bipolär sjukdom

Bipolär sjukdom är en komplex psykisk sjukdom som kännetecknas av extrema humörsvängningar, där individer upplever både perioder av djup depression och episoder av mani eller hypomani. Under depressiva perioder kan en person känna sig nedstämd, orkeslös och utan intresse för aktiviteter som vanligtvis ger glädje. Dessa perioder kan vara förödande och göra det svårt att utföra dagliga sysslor, vilket påverkar arbete, relationer och det allmänna välbefinnandet. Under maniska eller hypomaniska episoder kan en individ däremot känna sig överdrivet energisk, euforisk eller till och med irritabel, och det kan leda till impulsiva och riskfyllda beteenden, som att spendera pengar oansvarigt, fatta snabba beslut utan eftertanke eller agera på sätt som är ovanliga för personen i fråga.

För dem som lever med bipolär sjukdom kan dessa svängningar mellan depression och mani vara mycket påfrestande och oförutsägbara, och de kan göra det svårt att upprätthålla stabilitet i livet. Därför är det viktigt att utveckla strategier för att hantera sjukdomen på lång sikt och för att minska de negativa konsekvenserna av humörsvängningarna.

Att hantera bipolär sjukdom innebär att hitta en balans i vardagen för att minska både toppar och dalar i humöret.

En stabil och strukturerad daglig rutin kan vara en av de viktigaste aspekterna i detta. Att få tillräckligt med sömn är avgörande, eftersom sömnbrist ofta kan trigga både maniska och depressiva episoder. Regelbunden motion har också visat sig ha en positiv effekt på humöret, eftersom fysisk aktivitet hjälper till att släppa spänningar och främjar en känsla av välbefinnande. Att äta en balanserad och näringsrik kost är en annan faktor som kan bidra till att stabilisera humöret, då vissa livsmedel kan påverka energinivåer och mentalt fokus.

Utöver dessa livsstilsfaktorer är det ofta nödvändigt att ta medicin som en del av behandlingen av bipolär sjukdom. Läkemedel som stämningsstabiliserande mediciner eller antipsykotiska läkemedel kan hjälpa till att minska intensiteten och frekvensen av humörsvängningarna. Det är viktigt att följa läkarens ordination och ta medicinen regelbundet, även under perioder när man mår bättre, för att förhindra återfall i maniska eller depressiva episoder.

Att arbeta tillsammans med en terapeut eller psykolog kan också vara till stor hjälp. Terapi kan ge individer verktyg för att bättre förstå sina humörsvängningar och hitta strategier för att hantera de utmaningar som bipolär sjukdom för med sig. Kognitiv beteendeterapi (KBT) är en vanlig behandlingsmetod som kan hjälpa människor att identifiera och förändra negativa tankemönster som kan bidra till depressiva eller maniska episoder. Terapi kan också erbjuda ett tryggt utrymme för att utforska känslor och erfarenheter, vilket kan vara ett viktigt steg i att acceptera och leva med sjukdomen.

Ett starkt stöd från vänner och familj är också en viktig del i hanteringen av bipolär sjukdom. Närstående kan spela en avgörande roll genom att erbjuda både känslomässigt stöd och praktisk hjälp i vardagen. Att ha någon att prata med när man känner sig överväldigad eller nere kan göra stor skillnad för en persons välbefinnande. Dessutom kan vänner och familj hjälpa till att hålla ett öga på eventuella tidiga tecken på en manisk eller depressiv episod, så att personen kan söka hjälp i tid.

För många människor som lever med bipolär sjukdom är det också viktigt att skapa en plan för att hantera perioder av instabilitet. En sådan plan kan inkludera strategier för att hantera både maniska och depressiva episoder, såsom att identifiera varningstecken och tidiga symptom, ha en lista med kontaktnummer till vårdgivare och pålitliga personer att vända sig till vid behov. Det kan också vara värdefullt att identifiera sätt att minska stress och undvika situationer eller triggers som kan förvärra humörsvängningarna.

Sammanfattningsvis är bipolär sjukdom en allvarlig, men hanterbar sjukdom som kräver en kombination av livsstilsjusteringar, medicinsk behandling och känslomässigt stöd. Genom att följa en stabil daglig rutin, ta medicin som föreskrivet, söka professionell hjälp och upprätthålla ett starkt stödnätverk, kan personer med bipolär sjukdom förbättra sin livskvalitet och minska de negativa effekterna av sjukdomen. Det kan vara en utmanande resa, men med rätt stöd och strategier finns det möjlighet att leva ett balanserat och tillfredsställande liv trots de svårigheter som bipolär sjukdom medför.

Schizofreni

Schizofreni är en allvarlig och komplex psykisk sjukdom som påverkar flera aspekter av en persons liv, inklusive hur de tänker, känner och beter sig. Sjukdomen kan ta sig många olika uttryck och varierar från individ till individ, men några av de vanligaste symtomen är hallucinationer och vanföreställningar. Hallucinationer innebär att personen upplever sinnesintryck som inte är verkliga, som att höra röster eller se saker som inte finns. Vanföreställningar, å andra sidan, handlar om felaktiga övertygelser, där personen kan tro på saker som inte har någon grund i verkligheten, som att de blir förföljda eller att de har särskilda krafter. Dessa upplevelser kan vara mycket skrämmande och förvirrande för individen och kan göra det svårt att skilja mellan vad som är verkligt och vad som är en del av sjukdomen.

Schizofreni innefattar också ofta så kallade återkommande psykoser, vilket innebär perioder där personen upplever en allvarlig störning i sin uppfattning av verkligheten. Under dessa episoder kan deras tankar bli splittrade och ologiska, vilket kan leda till förvirrat tal och beteende. För många människor innebär schizofreni också negativa symtom, som att dra sig undan från sociala sammanhang, förlora intresset för tidigare aktiviteter eller ha svårt att uttrycka känslor. Dessa symtom kan leda till social isolering och svårigheter att upprätthålla relationer, vilket i sin tur kan förstärka känslan av ensamhet och utanförskap.

Att hantera schizofreni på ett effektivt sätt kräver ofta en noggrant utformad behandlingsplan som inkluderar en kombination av medicinering, terapi och stöd från omgivningen. Medicinering, särskilt antipsykotiska läkemedel, är en central del av behandlingen för att stabilisera symtomen och minska risken för återkommande psykoser. Det är viktigt att personen som lider av schizofreni följer sin medicinska behandling noggrant, även under perioder då de kanske känner sig bättre, eftersom avbrott i medicineringen ofta kan leda till ett återfall i sjukdomen.

Utöver medicinering spelar terapi en viktig roll i behandlingen av schizofreni. Kognitiv beteendeterapi (KBT) kan hjälpa individen att bättre förstå och hantera sina symtom, genom att arbeta med tankemönster och utveckla strategier för att hantera vardagliga utmaningar. Terapi kan också erbjuda ett tryggt utrymme för att prata om de känslor och upplevelser som ofta följer med sjukdomen, och det kan vara en viktig del av återhämtningsprocessen. Gruppterapi kan vara en annan värdefull resurs, där individen kan dela sina erfarenheter med andra som går igenom liknande utmaningar, vilket kan minska känslan av isolering.

Stöd från nära och kära är avgörande för att hjälpa personen att hantera sjukdomen på ett effektivt sätt. En stöttande miljö kan innebära mycket, både för den emotionella och praktiska delen av återhämtningen. Det kan vara viktigt för familj och vänner att utbilda sig om sjukdomen, så att de bättre kan förstå vad personen går igenom och hur de kan ge stöd på bästa sätt. Att vara lyhörd för den drabbades behov och att erbjuda ett öppet och icke-dömande samtalsutrymme kan göra stor skillnad.

En annan viktig aspekt av att hantera schizofreni är att upprätthålla en strukturerad daglig rutin. Att ha regelbundna tider för mat, sömn och aktiviteter kan ge en känsla av stabilitet och trygghet i vardagen, vilket kan hjälpa till att motverka stress och oro, som ofta kan förvärra symtomen. Att undvika stressiga situationer och miljöer är också viktigt, eftersom stress kan fungera som en trigger för psykoser och andra symtom. Därför kan det vara värdefullt att arbeta med att identifiera och minimera stressfaktorer i vardagen, genom till exempel avslappningsövningar, mindfulness eller andra stresshanteringstekniker.

Socialt stöd och engagemang i samhället kan också spela en viktig roll i återhämtningen. Att delta i sociala aktiviteter eller hitta meningsfull sysselsättning, som ett jobb eller en volontärposition, kan bidra till att stärka självkänslan och förbättra den sociala integrationen. För vissa kan det även vara värdefullt att delta i stödgrupper för personer med schizofreni, där man kan dela erfarenheter och utbyta tips och råd om hur man hanterar sjukdomen i vardagen.

Sammanfattningsvis är schizofreni en komplex och utmanande sjukdom som påverkar många aspekter av livet. Men med rätt behandling och stöd finns det möjlighet för personer med schizofreni att leva ett meningsfullt och balanserat liv. Genom en kombination av medicinering, terapi, socialt stöd och en strukturerad vardag kan individer med schizofreni hitta sätt att hantera sina symtom och minimera sjukdomens påverkan på deras dagliga liv.

Ätstörningar

Ätstörningar är allvarliga psykiska tillstånd som kännetecknas av ohälsosamma och ofta destruktiva förhållningssätt till mat, ätande och kroppsuppfattning. Dessa sjukdomar inkluderar tillstånd som anorexia nervosa, bulimi nervosa och hetsätningsstörning, var och en med sina egna specifika symptom och utmaningar, men alla kretsar kring en fixering vid mat och vikt. Anorexia kännetecknas ofta av extrem kalorirestriktion och en intensiv rädsla för att gå upp i vikt, även när personen redan är farligt underviktig. Bulimi innebär återkommande episoder av hetsätning, där individen konsumerar stora mängder mat under kort tid, följt av kompensatoriska beteenden som kräkningar eller överdriven träning för att "göra sig av med" kalorierna. Hetsätningsstörning liknar bulimi i hetsätningsepisoderna, men det finns inga kompensatoriska åtgärder efteråt, vilket kan leda till skam och skuldkänslor samt problem med övervikt.

Att hantera ätstörningar effektivt är en komplex och långsiktig process som ofta kräver professionell hjälp från flera olika områden, inklusive medicinsk vård, terapi och näringsstöd. Det första steget för många är att erkänna att de har ett problem och att vara öppen för att söka hjälp. Professionell behandling kan innebära att arbeta med specialister som psykologer, dietister och läkare som har erfarenhet av ätstörningar. En central del av behandlingen är terapi, som kan hjälpa till att förstå de underliggande psykologiska faktorerna bakom ätstörningen, såsom låg självkänsla, ångest eller trauma. Kognitiv beteendeterapi (KBT) är en vanlig behandlingsform som syftar till att förändra de negativa tankemönstren kring mat och kropp som bidrar till sjukdomen.

En viktig del av återhämtningen från ätstörningar är att återupprätta ett hälsosamt och regelbundet förhållande till mat. Detta kan innebära att etablera en strukturerad måltidsrutin där individen äter regelbundna, balanserade måltider under dagen. Att äta på regelbundna tider kan hjälpa till att återställa kroppens naturliga hunger- och mättnadssignaler, något som ofta är störda hos personer med ätstörningar. En näringsriktig kost som ger kroppen de vitaminer och mineraler den behöver för att fungera optimalt är också avgörande. Detta kan innebära att återinföra livsmedel som tidigare undvikits eller varit föremål för rädsla, och att långsamt bygga upp en mer hälsosam relation till maten.

En annan viktig del i att hantera ätstörningar är att arbeta med att förändra negativa tankemönster kring kropp och vikt. Många med ätstörningar kämpar med en förvrängd kroppsuppfattning och stark självkritik, där de ser sig själva som överviktiga eller otillräckliga, även när detta inte stämmer överens med verkligheten. Terapi kan hjälpa till att utmana dessa tankar och ersätta dem med mer realistiska och självaccepterande synsätt. Detta är ofta en långsam process som kräver tålamod och mycket stöd, men det är en avgörande del av att återhämta sig från en ätstörning.

Förutom professionell hjälp och terapi är socialt stöd från vänner och familj av stor betydelse för att kunna hantera och övervinna en ätstörning. Att ha människor omkring sig som förstår vad man går igenom och som kan erbjuda både emotionellt och praktiskt stöd kan vara en kraftfull hjälp under återhämtningsprocessen. Det kan handla om att ha någon att prata med om de känslor och tankar som uppstår, eller att ha en person som hjälper till att hålla fast vid en regelbunden måltidsrutin. I vissa fall kan det också vara viktigt för familj och vänner att delta i utbildningsprogram eller familjeterapi för att bättre förstå sjukdomen och hur de kan ge stöd på bästa sätt.

Stresshantering är en annan viktig del av behandlingen, eftersom många med ätstörningar använder sitt ätande som ett sätt att hantera känslor som stress, ångest eller sorg. Att utveckla alternativa strategier för att hantera dessa känslor – såsom mindfulness, avslappningsövningar eller fysisk aktivitet på ett sunt och balanserat sätt – kan hjälpa individen att bryta beroendet av destruktiva matvanor som en copingmekanism.

Långvarig återhämtning från en ätstörning är ofta en process med både framsteg och motgångar. Det är vanligt att möta perioder av återfall, där gamla tankemönster eller beteenden återkommer, men med rätt stöd och verktyg är det möjligt att komma tillbaka på rätt spår. Att ha tålamod med sig själv och inse att återhämtning inte alltid är en linjär resa kan hjälpa till att minska känslan av misslyckande när svåra perioder uppstår.

Sammanfattningsvis innebär hantering av ätstörningar en helhetsansats som tar hänsyn till både de fysiska och psykiska aspekterna av sjukdomen. Genom att söka professionell hjälp, skapa en regelbunden och näringsriktig måltidsrutin, arbeta med att förändra negativa tankemönster och få stöd från närstående, finns det goda möjligheter att övervinna ätstörningar och återfå en hälsosam och balanserad relation till mat och kropp. Det är en utmanande process, men med tid och stöd är återhämtning fullt möjligt.

Posttraumatiskt stressyndrom (PTSD)

Posttraumatiskt stressyndrom (PTSD) är en allvarlig psykisk sjukdom som kan utvecklas efter att en person har upplevt eller bevittnat en traumatisk händelse. Sådana händelser kan inkludera, men är inte begränsade till, allvarliga olyckor, krig, naturkatastrofer, övergrepp eller våldsamma incidenter. PTSD påverkar individens förmåga att hantera vardagen och kan framkalla intensiva och obehagliga känslor kopplade till den ursprungliga händelsen, även lång tid efter att den har inträffat. Detta tillstånd kan ta sig olika uttryck hos olika personer, men vanliga symptom inkluderar återupplevande av traumat genom påträngande minnesbilder eller Flashbacks, känslomässiga utbrott, samt en stark önskan att undvika situationer, personer eller platser som påminner om händelsen.

Återupplevandet av traumat är ett centralt symtom vid PTSD, där individen kan känna sig som om de är tillbaka i det ögonblick då traumat inträffade. Detta kan ske genom återkommande och påträngande minnesbilder, mardrömmar eller Flashbacks, där personen återupplever de fysiska och känslomässiga reaktionerna från den traumatiska händelsen. Dessa upplevelser kan vara så intensiva att de påverkar sömnen och den allmänna mentala hälsan, och ofta leder de till ångest eller panikattacker. Vidare kan den drabbade utveckla ett starkt undvikandebeteende, där de gör allt för att undvika situationer, samtalsämnen eller platser som kan trigga minnen av traumat. Detta undvikande kan begränsa individens liv på ett sätt som gör det svårt att upprätthålla normala relationer eller delta i vardagliga aktiviteter.

Ett annat vanligt symtom på PTSD är en ökad känsla av spänning eller vaksamhet, även i situationer där det inte finns någon direkt fara. Detta kan visa sig genom att individen blir överdrivet lättskrämd, har sömnsvårigheter, eller upplever konstant känslomässig eller fysisk beredskap, som om de hela tiden förväntar sig en ny fara. Ibland utvecklas även ilske utbrott eller stark irritation, och många med PTSD känner sig känslomässigt avstängda eller distanserade från sina nära och kära. Dessa symtom kan göra det svårt att upprätthålla meningsfulla relationer och förstärka känslan av isolering och ensamhet.

För att hantera posttraumatiskt stressyndrom på ett effektivt sätt är det viktigt att söka professionell hjälp så tidigt som möjligt. Behandling kan innefatta olika former av terapi, där kognitiv beteendeterapi (KBT) och ögonrörelseterapi (EMDR) är två vanliga metoder. KBT hjälper individen att förstå och förändra negativa tankemönster och beteenden som har utvecklats som en följd av traumat. Genom att arbeta med en terapeut kan personen lära sig att bearbeta sina upplevelser på ett mer konstruktivt sätt, vilket kan minska symtomen och förbättra livskvaliteten. EMDR är en terapi som fokuserar på att bearbeta trauma genom specifika ögonrörelser, vilket hjälper individen att hantera smärtsamma minnen och känslor.

Utöver terapi kan copingstrategier som mindfulness, avslappningstekniker och regelbunden motion vara till stor hjälp för att hantera de psykiska och fysiska symtomen på PTSD. Mindfulness, som innebär att vara medvetet närvarande i nuet, kan hjälpa individer att hantera ångest och stress som uppstår från påträngande minnen eller Flashbacks. Avslappningstekniker, såsom djupandningsövningar eller progressiv muskelavslappning, kan hjälpa till att minska kroppens stressreaktioner och skapa en känsla av lugn. Regelbunden motion, såsom promenader, yoga eller annan fysisk aktivitet, har visat sig vara effektivt för att förbättra det allmänna välbefinnandet och minska symptomen på PTSD. Motion kan också fungera som ett sätt att släppa på spänningar och lindra stress, samtidigt som det bidrar till att förbättra sömnkvaliteten.

Förutom att använda copingstrategier och söka professionell hjälp är det viktigt att skapa en trygg och stöttande miljö för den som lider av PTSD. En sådan miljö innebär att individen känner sig säker både fysiskt och känslomässigt, och att de har en stabil omgivning där de kan få stöd utan att känna sig dömda eller pressade. Att ha stöd från nära och kära är avgörande, eftersom en stöttande familj eller vänkrets kan hjälpa personen att hantera sin ångest och erbjuda en trygg plats där de kan prata om sina känslor och upplevelser. Det är viktigt för anhöriga att vara tålmodiga och lyhörda för personens behov och att inte pressa dem till att prata om traumat innan de är redo.

Stödgrupper kan också vara en värdefull resurs för personer med PTSD, där de kan möta andra som har liknande erfarenheter och därigenom känna en känsla av samhörighet och förståelse. Att prata med andra som har genomgått liknande trauman kan bidra till att minska känslan av isolering och normalisera de upplevelser som ofta känns överväldigande.

Sammanfattningsvis är PTSD ett komplext och utmanande tillstånd som påverkar många aspekter av livet, men med rätt behandling, copingstrategier och stöd kan individer lära sig att hantera sina symtom och förbättra sin livskvalitet. Professionell hjälp i form av terapi, en trygg och stöttande omgivning samt personliga strategier för att hantera stress och ångest kan vara avgörande för att övervinna de svårigheter som PTSD medför.

Tvågångssyndrom

Tvångssyndrom, även känt som OCD (Obsessive Compulsive Disorder), är en psykisk störning som kännetecknas av återkommande, oönskade och ofta påträngande tankar eller idéer, så kallade tvångstankar, samt repetitiva beteenden eller ritualer, kallade tvångshandlingar, som individen känner sig tvingad att utföra. Dessa tvångstankar kan handla om allt från rädsla för smuts och smitta till oro över att ha glömt något viktigt eller att orsaka skada. Tvångshandlingarna kan exempelvis vara att tvätta händerna om och om igen, kontrollera lås flera gånger eller följa specifika ritualer för att minska ångest och oro.

För många personer med tvångssyndrom kan dessa tankar och handlingar bli extremt tidskrävande och inkräkta på vardagen, vilket leder till både psykiskt och fysiskt lidande. Det är vanligt att känna en stark inre stress eller ångest om de inte utför de handlingar som deras tvångstankar föreskriver, även om de själva inser att deras beteenden inte är rationella. Trots detta kan de ha svårt att stå emot behovet att genomföra tvångshandlingarna, vilket skapar en ond cirkel där tvångstankar leder till tvångshandlingar, och tvångshandlingar tillfälligt minskar ångesten, bara för att snart återkomma.

Tvångssyndrom kan se olika ut för olika personer, och intensiteten samt typen av tvångstankar och tvångshandlingar kan variera. Vissa individer kan ha mer subtila tvångshandlingar, såsom att ständigt tänka genom en specifik lista eller upprepa vissa ord tyst för sig själva, medan andra kan ha mer synliga ritualer som att utföra specifika rörelser eller kontroller. Oavsett formen av OCD kan detta tillstånd ha en betydande inverkan på livskvaliteten och göra det svårt att fungera i sociala sammanhang, på arbetsplatsen eller i andra viktiga delar av livet.

För att effektivt hantera tvångssyndrom är det avgörande att söka professionell hjälp. En av de mest effektiva behandlingsmetoderna för OCD är kognitiv beteendeterapi (KBT), och mer specifikt en variant av KBT som kallas exponering med responsprevention (ERP). KBT hjälper individen att identifiera och förändra de negativa tankemönster och beteenden som driver tvångssyndromet. Exponeringsterapi innebär att individen gradvis utsätts för de situationer eller tankar som triggar deras tvångsbeteenden, men utan att ge efter för tvångshandlingarna. Genom denna process kan personen lära sig att hantera och minska sin ångest på ett mer konstruktivt sätt. ERP kan vara en utmanande form av terapi, men forskning visar att det ofta är mycket effektivt för att minska symptomen på tvångssyndrom över tid.

I vissa fall kan medicinering också vara en del av behandlingen. Läkemedel, såsom selektiva serotoninåterupptagshämmare (SSRI), används ibland för att hjälpa till att balansera hjärnans kemi och minska de ångestdrivna tvångstankarna och handlingarna. Detta kan vara särskilt användbart för personer som upplever mycket intensiva symptom och som har svårt att tillgodogöra sig terapi. Det är dock viktigt att medicinering kombineras med terapi för att ge den bästa möjliga långsiktiga förbättringen.

Utöver professionell behandling kan olika copingstrategier vara till hjälp i vardagen. Det kan exempelvis handla om att öva mindfulness och medveten närvaro, vilket hjälper individen att vara här och nu, utan att låta sig dras med av tvångstankarna. Mindfulness kan ge personen bättre kontroll över sina tankar och känslor och minska ångesten kopplad till tvångshandlingarna. Att skapa en struktur och rutin i vardagen kan också hjälpa, eftersom det kan minska känslan av kaos och oförutsägbarhet som ibland driver tvångstankarna. Fysisk aktivitet, som regelbunden motion, har också visat sig ha positiva effekter på den mentala hälsan och kan hjälpa till att minska stress och ångest, vilket i sin tur kan lindra symtomen på OCD.

Stöd från nära och kära spelar också en avgörande roll i hanteringen av tvångssyndrom. Att ha en stöttande omgivning som är förstående och empatisk kan göra en stor skillnad för den drabbade personen. Det kan vara viktigt för anhöriga att få insikt i vad tvångssyndrom innebär och hur det påverkar individen, för att på bästa sätt kunna erbjuda sitt stöd. Samtidigt är det viktigt att anhöriga inte oavsiktligt bidrar till att förstärka tvångsbeteendena genom att hjälpa till med ritualerna eller bekräfta tvångstankarna. Ibland kan familjer och vänner behöva rådgivning eller stöd för att veta hur de bäst kan stötta personen utan att förstärka de problematiska beteendena.

Sammanfattningsvis är tvångssyndrom en kronisk, men behandlingsbar, psykisk sjukdom som kräver både professionell hjälp och starkt socialt stöd för att hantera på ett effektivt sätt. Genom en kombination av terapi, copingstrategier och stöd från nära och kära kan individen gradvis lära sig att bryta de destruktiva mönstren och minska de negativa effekterna som tvångstankarna och tvångshandlingarna har på deras liv. Med tid och rätt behandling finns det goda möjligheter för de drabbade att uppnå en bättre livskvalitet och ett mer balanserat förhållande till sina tankar och beteenden.

KAPITEL 3

Vägen genom tystnaden

Att ha modet att öppna upp och samtala med någon om psykisk ohälsa är av yttersta vikt, och detta mod kan förändra både individers liv och samhällets inställning i stort. Många människor bär sina känslor och psykiska utmaningar i tystnad, ofta på grund av rädsla för att bli dömda eller för att de tror att deras upplevelser inte är giltiga nog att dela med andra. Men att våga tala om psykisk ohälsa är en kraftfull handling som inte bara kan lindra den egna bördan utan även inspirera andra att ta samma steg. Att vara villig att diskutera psykisk ohälsa öppet och ärligt är en avgörande faktor för att bryta ner det starka stigma som länge har omgärdat ämnet. Psykisk ohälsa har ofta behandlats som något skamligt, vilket gör det svårt för många att söka hjälp. Genom att vara öppen och tala om detta på ett naturligt sätt, kan vi dock bidra till att minska denna skam och främja öppenhet kring ett ämne som påverkar så många.

Öppna samtal om psykisk ohälsa är inte bara viktiga på ett personligt plan, utan även på ett samhälleligt. När vi skapar utrymme för att prata om dessa frågor i vardagen, oavsett om det är med nära och kära, kollegor eller i offentliga forum, hjälper vi till att skapa en tryggare och mer stödjande miljö. En sådan miljö där människor känner sig bekväma med att söka den hjälp och det stöd de behöver är nödvändig för att främja välbefinnande och förebygga allvarligare psykiska problem. Samtal och dialog bidrar till att bryta tystnaden kring psykisk ohälsa, vilket i sin tur gör att fler människor kan känna sig bekräftade i sina upplevelser och våga ta steget att söka hjälp.

Att lyssna utan fördomar är en annan viktig aspekt av dessa samtal. För den som öppnar upp om sin psykiska ohälsa kan det vara en enorm lättnad att bli mött med empati och förståelse. Det handlar inte alltid om att erbjuda lösningar, utan ofta om att vara närvarande och visa medlidande. Genom att möta någon utan dömande blick och genom att visa genuin omtanke skapar vi ett klimat där det blir lättare att tala om svåra känslor och upplevelser. Detta är särskilt viktigt eftersom många som lider av psykisk ohälsa kan känna sig ensamma och missförstådda, och genom att lyssna aktivt kan vi bidra till att minska deras känsla av isolering.

Genom att öka medvetenheten om psykisk ohälsa och normalisera konversationer om det, kan vi dessutom påverka hur samhället ser på psykiska problem och uppmuntra fler att våga söka hjälp. När vi tar bort stigmat och behandlar psykisk hälsa som en naturlig del av livet, precis som fysisk hälsa, kan vi skapa en kultur där människor känner sig trygga att ta det viktiga steget mot att få den hjälp de behöver. Genom att dela våra egna erfarenheter av psykisk ohälsa, eller genom att aktivt lyssna på andras berättelser, skapar vi en atmosfär av ömsesidigt stöd och förståelse. Denna öppenhet hjälper inte bara individen utan även samhället i stort, genom att skapa en mer inkluderande och empatisk miljö.

Att bryta tystnaden kring psykisk ohälsa är i grunden en fråga om att visa att det är helt okej att inte alltid må bra. Alla människor går igenom svårigheter, och det finns både resurser och gemenskaper att vända sig till när man behöver stöd. Det är viktigt att påminna sig om att ingen är ensam i sin kamp och att det finns hjälp att få, oavsett hur svår eller hopplös situationen kan kännas. Att tala om sina problem är inte ett tecken på svaghet, utan snarare ett tecken på mod och styrka, och det kan vara ett första steg mot att må bättre och att hitta de verktyg som krävs för att hantera sin psykiska ohälsa.

Trots att det kan kännas skrämmande eller överväldigande att öppna upp sig om sina psykiska besvär, är det viktigt att förstå att detta är en nödvändig del av läkningsprocessen. Att ta det första steget mot att prata om sina känslor är ofta det svåraste, men det är också det mest betydelsefulla. Genom att ta detta steg öppnar man dörren för att få det stöd som behövs, vare sig det är från vänner, familj eller professionella inom vården. I slutändan kan vi alla spela en roll i att bryta tabun kring psykisk ohälsa genom att stödja varandra och skapa en öppen, inkluderande atmosfär där det är naturligt att söka hjälp när det behövs. Det är också viktigt att komma ihåg att varje individ har sin egen unika resa när det gäller psykisk hälsa, och att respekt och empati alltid bör vara grundpelarna i varje samtal om detta känsliga ämne.

Kapitel 4

Psykisk ohälsa i siffror

En undersökning om psykisk ohälsa är av stort värde av flera anledningar. Att samla in data och information kring detta komplexa ämne gör det möjligt för oss att identifiera viktiga trender och mönster. Dessa insikter kan i sin tur hjälpa oss att utveckla genomtänkta och effektiva förebyggande åtgärder, såväl som behandlingsmetoder. Genom att sprida våra fynd och insikter kan vi främja en öppen dialog om psykisk hälsa, vilket i sin tur kan bidra till att stödja dem som lever med psykisk ohälsa.

För många människor är psykisk ohälsa fortfarande ett tabubelagt ämne, vilket gör det extra viktigt att vi arbetar för att minska stigmat kring dessa frågor. Genom att dela resultaten av vår undersökning kan vi öka medvetenheten om psykisk hälsa och främja en mer accepterande och inkluderande miljö för dem som påverkas. När vi lyfter fram dessa frågor kan vi också hjälpa till att skapa en kultur där det är normalt att prata om psykiska utmaningar och söka hjälp, utan rädsla för att bli dömd.

Det är också viktigt att de resultat vi får fram kan användas för att informera beslutsfattare och hälso- och sjukvårdspersonal. Med tydliga data kan vi skapa ett starkare argument för att förbättra tillgången till och kvaliteten på psykisk hälsovård. Detta inkluderar att säkerställa att resurser fördelas på ett rättvist sätt och att det finns tillräckligt med stöd tillgängligt för alla som behöver det.

För att genomföra vår undersökning använde vi våra sociala medier som en plattform för att nå ut till så många som möjligt. Vi delade en anonym enkät för att säkerställa att deltagarna kände sig trygga när de delade sina tankar och erfarenheter. Enkäten fokuserade på individernas egna erfarenheter av psykisk ohälsa, såväl som erfarenheterna hos närstående. Vi ställde också frågor om huruvida respondenterna visste vem de skulle vända sig till om de själva eller någon i deras närhet hade psykiska besvär.

Genom denna metod har vi fått in en del värdefulla insikter och perspektiv. Resultaten från vår undersökning belyser inte bara omfattningen av psykisk ohälsa i vår befolkning, utan de erbjuder också unika färdigheter och vinklar som kan vägleda framtida insatser och åtgärder. Här är resultaten från vår undersökning:

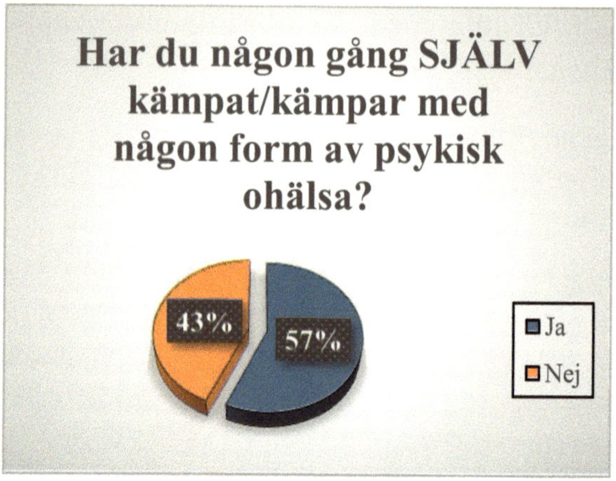

I denna del av undersökningen ställde vi frågan om man själv någon gång har kämpat eller kämpar med någon form av psykisk ohälsa. Av de som deltog svarade 60 personer ”Ja”, vilket motsvarar 57% av respondenterna. Samtidigt svarade 46 personer ”Nej”, vilket utgör 43%. Resultatet visar att en majoritet, något mer än hälften av de som svarade på enkäten, har haft eller har erfarenhet av att kämpa med psykisk ohälsa. Detta understryker hur vanligt det är och pekar på vikten av att uppmärksamma och arbeta med dessa frågor.

Här frågade vi om vilken/ vilka typer av psykisk ohälsa man själv har kämpat/ kämpar med. Detta är resultatet vi fick:

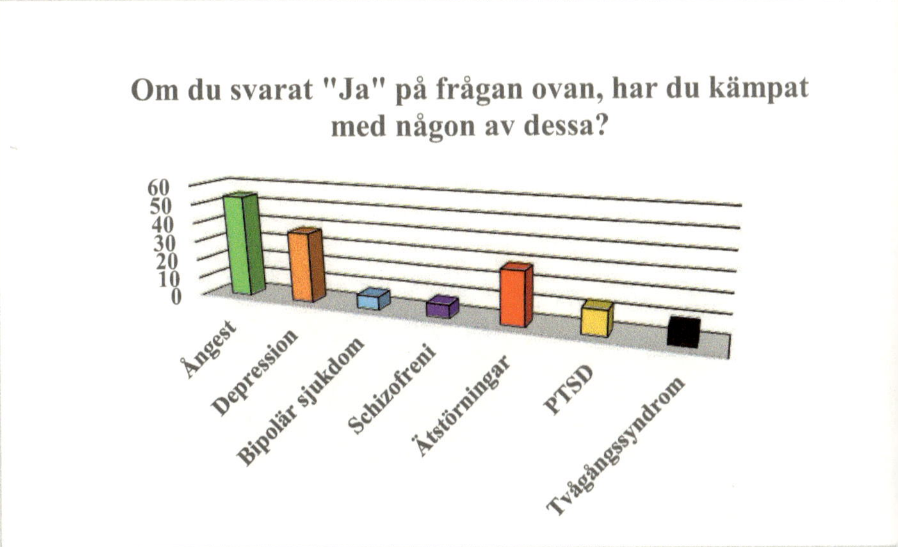

Ångest: 54 personer.

Depression: 37 personer.

Bipolär sjukdom: 7 personer.

Schizofreni: 7 personer.

Ätstörningar: 28 personer.

Posttraumatiskt stressyndrom (PTSD): 13 personer.

Tvågångssyndrom: 9 personer.

Här frågade vi om man känner någon som har kämpat/ kämpar med någon form av psykisk ohälsa. 90 personer svarade "Ja", vilket motsvarar 85%. 16 personer svarade "Nej", vilket motsvarar 15%.

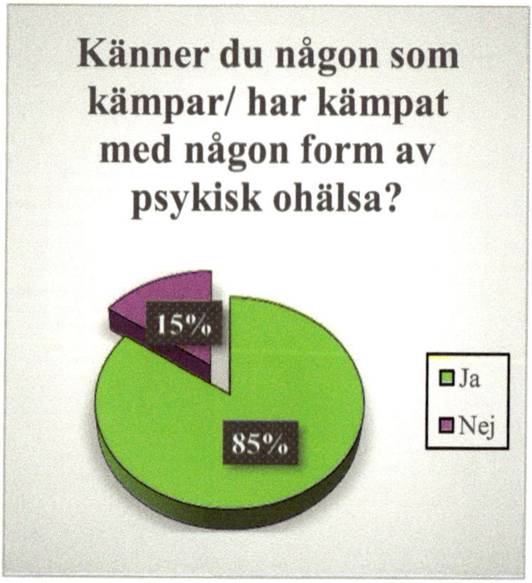

Här frågade vi om vilken/ vilka typer av psykisk ohälsa man själv har kämpat/ kämpar med. Detta är resultatet vi fick:

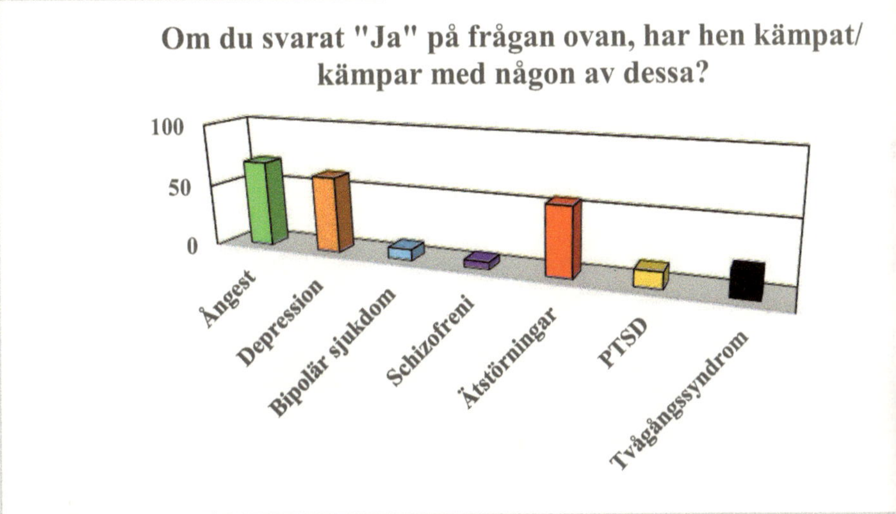

Ångest: 69 personer.

Depression: 61 personer.

Bipolär sjukdom: 9 personer.

Schizofreni: 6 personer.

Ätstörningar: 55 personer.

Posttraumatiskt stressyndrom (PTSD): 13 personer.

Tvågångssyndrom: 20 personer.

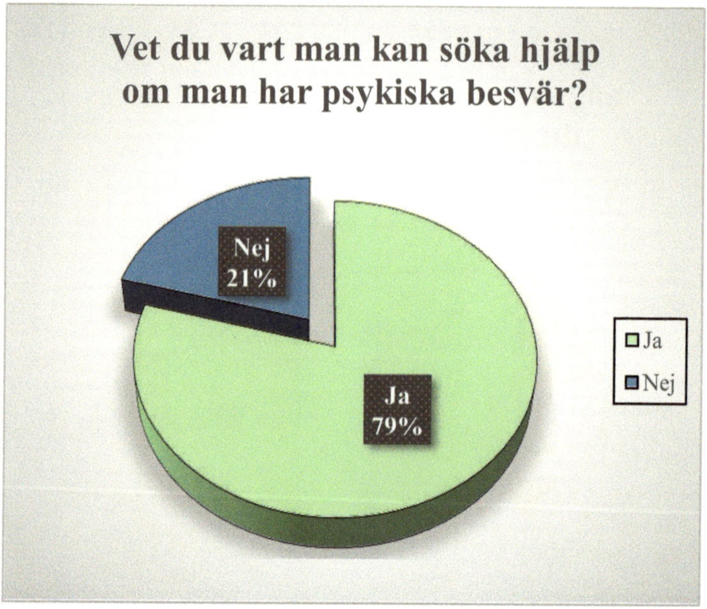

I vår undersökning ställde vi frågan om deltagarna vet vart de kan vända sig för att få hjälp vid psykiska besvär. Resultatet visade att en majoritet, 79 %, svarade "Ja", vilket motsvarar 84 personer. Samtidigt svarade 21 %, motsvarande 22 personer, "Nej". Det är viktigt för oss att alla ska ha tillgång till information om vart man kan söka hjälp när det behövs. Därför vill vi särskilt rikta oss till dig som inte vet vart du ska vända dig. Längre fram i boken kommer vi att ge konkreta hänvisningar och resurser som kan vara till stöd för dig. Ingen ska behöva känna sig ensam eller osäker när det gäller att söka hjälp för sitt mående.

Om du kämpar/ har kämpat med någon form av psykisk ohälsa, har du vågat prata om det någon gång? Det var en av frågorna som vi hade med i vår undersökning och detta är resultatet som vi fick fram. 60% svarade ”Ja”, vilket motsvarar 49 personer. 40% svarade ”Nej”, vilket motsvarar 32 personer. Med hjälp av denna bok är ett av våra mål att ALLA som kämpar/ har kämpat med någon form av psykisk ohälsa ska våga prata med någon om det.

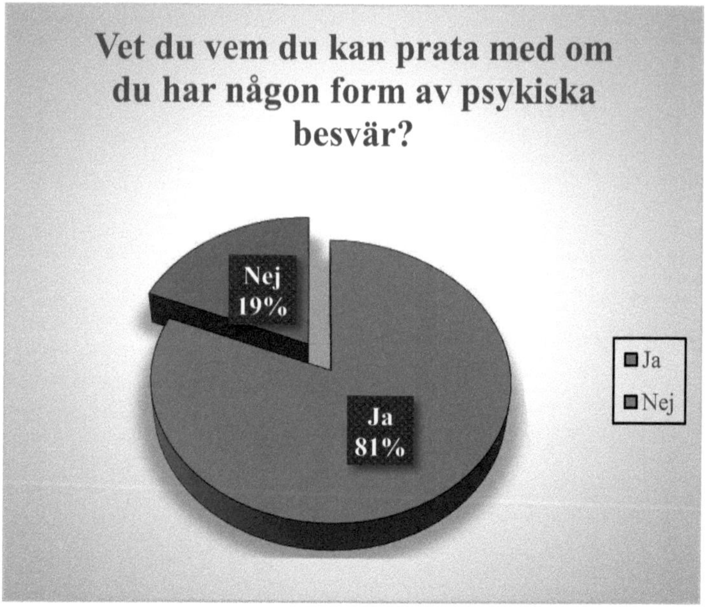

Här frågade vi om man visste vem man kunde prata med om man har psykiska besvär och detta resultat var det vi fick. 81% svarade ”Ja”, vilket motsvarar 86 personer. 19% svarade ”Nej”, vilket motsvarar 20 personer. Vägvisning till vem eller vilka man kan prata med om sin psykiska ohälsa kommer längre fram i denna bok.

Kapitel 5

Jobbigt att prata om det?

Det finns flera orsaker till att människor kan känna sig ovilliga eller osäkra när det gäller att prata om sin psykiska ohälsa. För många är det en komplex och känslig fråga som kan vara svår att ta upp. Detta är några orsaker till att människor inte vill prata om sin psykiska ohälsa:

1. **Stigmat kring psykisk ohälsa:** Det finns ofta en negativ attityd och fördomar kopplade till psykiska problem och sjukdomar i vårt samhälle. Många individer kan uppleva en rädsla för att bli dömda eller missförstådda om de väljer att öppna sig om sin psykiska ohälsa. Denna rädsla kan leda till att människor avstår från att söka den hjälp och det stöd de behöver. Detta stigma skapar en ogynnsam miljö där psykisk ohälsa inte bara förblir osynlig, utan också bidrar till en känsla av isolering och ensamhet för dem som kämpar med sina känslor. Många känner att de måste dölja sina problem av oro för hur de kommer att uppfattas av andra, vilket ytterligare försvårar dialogen kring psykisk hälsa. Att bryta ner dessa fördomar är avgörande för att skapa en mer förstående och stödjande gemenskap där människor kan våga prata öppet om sina upplevelser utan rädsla för stigmatisering.

2. **Skam och rädsla för att vara sårbar:** Många personer känner en stark känsla av skam kopplad till sin psykiska ohälsa, vilket gör att de tvekar att visa sig sårbara inför andra. Att erkänna att man har psykiska problem kan vara en utmanande och känslomässigt krävande process, särskilt i en samhällskultur där sårbarhet ofta uppfattas som en form av svaghet. Denna skam kan leda till att individer väljer att hålla sina känslor och erfarenheter hemliga, vilket skapar en känsla av isolering och ensamhet. Rädslan för att bli dömd eller missförstådd gör att många undviker att prata om sina upplevelser, vilket i sin tur kan förvärra deras tillstånd. Att förändra dessa normer och skapa en miljö där det är okej att vara öppen och sårbar är avgörande för att stödja dem som kämpar med psykisk ohälsa. För att kunna bryta ner dessa hinder behöver vi främja en kultur som värdesätter öppenhet och empati. Genom att uppmuntra till samtal om psykisk hälsa och normalisera sårbarhet som en del av det mänskliga tillståndet kan vi hjälpa fler människor att känna sig trygga i att söka hjälp och stöd.

3. **Oro för att bli avvisad eller inte förstådd:** Personer som kämpar med psykiska problem kan ofta känna en djup rädsla för att deras närstående inte kommer att förstå deras situation fullt ut. De kan tvivla på att de får det stöd de behöver om de väljer att dela med sig av sina upplevelser och

känslor kring psykisk ohälsa. Många oroar sig för att de ska bli stigmatiserade eller att deras problem inte kommer att tas på allvar av dem de litar på mest. Denna osäkerhet kan skapa en känsla av isolering och hindra individer från att söka den hjälp som faktiskt skulle kunna vara till stor nytta för dem. Rädslan för att bli missförstådd kan leda till att de väljer att hålla tyst om sin kamp, vilket i sin tur kan förvärra deras mentala tillstånd. För att motverka dessa komplexa känslor är det avgörande att skapa en atmosfär där det råder öppenhet och förståelse, så att personer med psykisk ohälsa kan känna sig trygga nog att dela sina upplevelser utan rädsla för fördömande.

4. **Tidigare negativa erfarenheter:** Om en person tidigare har öppnat sig och delat sina känslor, men mött en negativ eller avvisande reaktion, kan detta skapa en rädsla för att göra det igen. Denna negativa erfarenhet kan göra dem mer benägna att vara återhållsamma och undvika att uttrycka sina känslor i framtiden, i rädsla för att upprepa den obehagliga upplevelsen. Rädsla för att bli bedömd eller inte förstådd kan därför leda till att de håller sina känslor för sig själva i stället för att söka stöd eller förståelse.

5. **Sociala normer:** I många kulturer och sociala grupper finns det starka normer som påverkar hur individer hanterar och uttrycker sina känslor,

särskilt när det gäller att visa sårbarhet eller erkänna känslomässiga problem. Dessa normer kan uppmuntra en att dölja svaghet, då sårbarhet ofta ses som något negativt eller skamfullt inom vissa samhällen. Individer kan känna en betydande press från både familj, vänner och samhället i stort att anpassa sig till dessa oskrivna regler. Som ett resultat undviker många helt att tala om sina känslor, särskilt om de upplever psykiska utmaningar, av rädsla för att bli dömda eller ses som svaga. Detta skapar en tystnadskultur där problem ofta sopas under mattan, vilket kan leda till att människor lider i det tysta och undviker att söka hjälp, även när den behövs som mest.

6. **Känsla av att vara ensam:** Många människor som kämpar med psykisk ohälsa upplever ofta en stark känsla av ensamhet och isolering. Denna känsla kan förstärkas av uppfattningen att ingen annan riktigt förstår vad de går igenom eller att deras upplevelser är unika. Att känna sig avskild från omgivningen, även när man är omgiven av familj och vänner, kan skapa en djup känsla av alienation. Denna upplevelse av att vara ensam i sin kamp gör det inte bara svårare att hantera de psykiska utmaningarna, utan kan också göra det oerhört svårt att söka stöd eller öppna sig för andra. Många upplever att det är svårt att förklara sina känslor, eller att andra kanske inte skulle ta

deras problem på allvar, vilket i sin tur förstärker isoleringen ytterligare. I vissa fall kan personer som kämpar med psykisk ohälsa även tro att deras problem inte är viktiga nog att dela med sig av, vilket gör att de drar sig tillbaka ännu mer och undviker att prata om sina upplevelser, även när de innerst inne vet att de skulle behöva hjälp och stöd från sin omgivning.

7. **Svårigheter att sätta ord på känslor:** För många människor kan det vara en stor utmaning att beskriva sina känslomässiga tillstånd och sätta ord på vad de egentligen går igenom. Psykisk ohälsa är ofta mycket komplex och svår att förstå, både för individen själv och för de som står runt omkring. Ofta är känslorna blandade eller förvirrande, vilket gör det svårt att hitta rätt ord för att uttrycka dem. Känslomässiga upplevelser kan vara diffusa och mångfacetterade, och det är inte ovanligt att individer har svårt att identifiera vad de faktiskt känner, eller att de upplever en rad olika känslor på samma gång. Detta kan leda till att man känner sig överväldigad, och oförmågan att sätta ord på känslorna kan skapa en känsla av frustration eller maktlöshet.

KAPITEL 6

Vilka resurser finns att tillgå?

Att veta vart man ska vända sig för hjälp vid psykisk ohälsa kan vara överväldigande, särskilt när man befinner sig i en svår period. Här är en mer utvecklad genomgång av olika resurser och stödformer som kan vara till stor nytta, hjälpa dig att känna dig mer säker i ditt mående och ge dig det stöd du behöver för att fortsätta framåt.

1. **Vänner och familj:** Ibland kan det vara en bra start att prata med någon du redan har en nära relation till. Även om de kanske inte har professionell utbildning kan de ofta ge stöd och förståelse. Du kan även förvänta dig att vänner och familjemedlemmar som känner dig väl ofta kan erbjuda en djupare nivå av förståelse och empati. De har en personlig kännedom om din bakgrund, dina styrkor och dina svagheter, vilket kan göra att deras stöd känns mer relevant och personligt.
2. **Sjukvården**: Vårdcentralen är ett utmärkt första steg om du upplever att du behöver professionell hjälp för din psykiska eller fysiska hälsa. Här kan du få en första bedömning av en läkare som lyssnar på dina symtom och funderingar. Baserat på samtalet kan läkaren ge dig råd om möjliga åtgärder, vilket kan inkludera livsstilsförändringar,

medicinering eller samtalsstöd. Om det bedöms nödvändigt kan du också få en remiss till en specialist, till exempel en psykolog, psykiater eller annan vårdgivare som kan erbjuda mer specifik behandling. Vårdcentralen fungerar som en viktig länk till vidare vård och kan hjälpa dig att hitta rätt stöd utifrån dina individuella behov

3. **Psykologer och Psykiatriker**: I många fall arbetar psykologer och psykiatriker tillsammans för att ge en integrerad behandling. Psykologen kan fokusera på terapeutiska tekniker och beteendeförändring, medan psykiatrikern hanterar medicineringen och mer allvarliga psykiatriska tillstånd. Detta samarbete kan leda till en mer omfattande och effektiv behandling av psykisk ohälsa. Genom att kombinera dessa resurser kan individer få den hjälp och stöd de behöver för att hantera sina symptom och förbättra sin livskvalitet. Det är viktigt att söka hjälp om man kämpar med psykisk ohälsa, och både psykologer och psykiatriker spelar en avgörande roll i detta arbete.

4. **Stödgrupper och organisationer**:

   Vad är stödgrupper? Stödgrupper är forum där personer med liknande erfarenheter samlas för att dela sina känslor, utmaningar och strategier. Dessa grupper kan vara inriktade på specifika tillstånd, som ångest, depression, eller beroende, men de kan också vara mer allmänna.

Fördelar med att delta i stödgrupper:
Gemenskap och förståelse: Att träffa andra som har liknande erfarenheter kan minska känslan av isolering och ensamhet. Deltagare kan känna att de blir förstådda och accepterade.

Dela verktyg och strategier: Medlemmarna kan utbyta tips och tekniker som de funnit hjälpsamma. Detta kan inkludera copingstrategier, informationskällor, eller praktiska råd.

Emotionellt stöd: Stödgrupper erbjuder en trygg miljö där deltagare kan uttrycka sina känslor utan rädsla för att bli dömda. Att dela sina upplevelser kan vara en läkande process.

Motivation och ansvar: Att delta i en stödgrupp kan ge en känsla av ansvar gentemot andra, vilket kan öka motivationen att arbeta med sin egen hälsa.

Ideella organisationer: Det finns många ideella organisationer som fokuserar på psykisk hälsa och erbjuder olika typer av stöd och resurser. Några exempel inkluderar:

Mental Health America: Denna organisation arbetar för att främja mental hälsa och erbjuda resurser, utbildning och stöd till individer och familjer.

NAMI (National Alliance on Mental Illness): NAMI erbjuder utbildning, stödgrupper och information till personer med psykisk ohälsa och deras anhöriga. De har också en stark fokus på att öka medvetenheten om psykisk hälsa.

Svenska Psykiatriska Föreningen: Denna förening arbetar för att främja psykisk hälsa i Sverige och erbjuder resurser och information för både patienter och professionella.

Online-resurser: Många organisationer erbjuder också online-plattformar där individer kan få information, delta i forum eller delta i virtuella stödgrupper. Dessa plattformar kan vara särskilt hjälpsamma för dem som kanske har svårt att delta i fysiska möten.

5. Kristelefoner och Online Resurser:

Vad är kristelefoner? Kristelefoner är telefonlinjer där personer kan ringa för att få omedelbart stöd och hjälp vid kriser eller akuta känslomässiga svårigheter. Dessa tjänster är ofta bemannade av utbildad personal, såsom psykologer eller terapeuter, som kan erbjuda professionellt stöd.

Fördelar med kristelefoner:

Tillgänglighet: Kristelefoner är ofta tillgängliga dygnet runt, vilket innebär att hjälp finns att få när som helst, oavsett om det är mitt på natten eller under helgen.

Anonymitet och konfidentialitet: Många människor känner sig mer bekväma med att prata om sina problem anonymt. Kristelefoner erbjuder en trygg miljö där du kan uttrycka dina känslor utan rädsla för att bli dömd.

Omedelbart stöd: När du ringer en kristelefon kan du få hjälp direkt. Operatören kan lyssna, erbjuda vägledning och hjälpa dig att hantera akuta känslor.

Krisintervention: I händelse av en allvarlig kris kan personalen på kristelefonen ge stöd och vägleda dig till nästa steg, som att kontakta en vårdgivare eller hänvisa dig till ytterligare resurser.

Vad är online-resurser? Online-resurser omfattar en mängd olika plattformar, inklusive webbplatser, chattjänster och forum, som erbjuder information, stöd och gemenskap för personer med psykisk ohälsa.

Typer av online-resurser:

Virtuella stödgrupper: Många organisationer erbjuder online-grupper där personer kan delta i diskussioner och dela erfarenheter. Dessa grupper kan vara schemalagda eller tillgängliga på begäran.

Chattlinjer: Vissa tjänster erbjuder chattalternativ där du kan kommunicera med en professionell rådgivare i realtid. Detta kan vara ett bra alternativ om du föredrar att skriva snarare än att prata i telefon.

Informationswebbplatser: Det finns många webbplatser som erbjuder omfattande information om olika psykiska tillstånd, behandlingsalternativ och självhjälpsstrategier. Dessa resurser kan hjälpa dig att förstå din situation bättre.

Appar för mental hälsa: Det finns flera appar som erbjuder verktyg för att hantera stress, ångest och andra känslor. Många av dessa appar innehåller mindfulness-övningar, dagboksfunktioner och guider för kognitiv beteendeterapi (KBT).

I dagens samhälle är mental hälsa en viktig aspekt av både studier och arbetsliv. Många skolor och arbetsplatser har insett vikten av att erbjuda stödresurser för sina medlemmar, vilket kan göra en stor skillnad för individens välbefinnande och prestation.

6. Resurser på Skolor

Samtalsterapi: Många skolor har skolkuratorer eller psykologer som erbjuder gratis samtalsterapi för studenter. Dessa professionella kan hjälpa studenter att hantera stress, ångest, relationer och andra personliga utmaningar.

Rådgivningstjänster: Utöver individuella sessioner kan skolor erbjuda rådgivning i gruppformat. Dessa sessioner kan fokusera på specifika ämnen, som studiehantering, tidsplanering och livsbalans.

Stödgrupper: Vissa skolor organiserar stödgrupper där studenter med liknande erfarenheter kan samlas för att dela sina känslor och strategier. Detta kan skapa en känsla av gemenskap och minska känslan av isolering.

Workshops och seminarier: Många skolor anordnar workshops om mental hälsa, stresshantering och copingstrategier. Dessa kan ge värdefull information och verktyg för att hantera livets utmaningar.

Resurser på Arbetsplatser:

1. Medarbetarsupportprogram (EAP): Många företag erbjuder EAP som ger anställda tillgång till professionell rådgivning och terapi. Dessa program är oftast konfidentiella och kan hjälpa med allt från stress och arbetsrelaterade problem till personliga frågor.

2. Träning och utbildning: Arbetsplatser kan också anordna utbildningar i mental hälsa, ledarskap och stresshantering. Dessa sessioner kan öka medvetenheten och ge anställda verktyg för att hantera sin egen och sina kollegors välmående.

3. Flextid och wellness-program: Många företag implementerar flexibla arbetstider och wellness-program för att uppmuntra en sund balans mellan arbete och privatliv. Detta kan inkludera gymmedlemskap, yoga-klasser och andra aktiviteter som främjar mental och fysisk hälsa.

4. <u>Kultur av öppenhet:</u> Skapandet av en arbetsmiljö där anställda känner sig trygga att diskutera mental hälsa är avgörande. När chefer och ledare visar stöd för att tala öppet om mental hälsa kan det minska stigma och uppmuntra anställda att söka hjälp vid behov.

KAPITEL 7

Olika vägar till psykisk hälsa

Det finns många olika behandlingsmetoder för psykisk ohälsa, och valet av den mest lämpliga behandlingen kan variera beroende på flera faktorer. Först och främst beror det på vilken specifik form av psykisk ohälsa som ska behandlas. Vissa metoder kan vara mer effektiva för tillstånd som ångest eller depression, medan andra metoder kan vara bättre anpassade för mer komplexa tillstånd som personlighetsstörningar eller posttraumatisk stress. En annan viktig faktor är individens unika behov och preferenser. Vad som fungerar för en person kanske inte fungerar för en annan, och det är därför avgörande att behandlingen skräddarsys för att passa individens livssituation, tidigare erfarenheter och önskemål om behandlingsformat.

Ytterligare överväganden kan inkludera tillgången till specifika terapiformer, den terapeutiska relationen, och hur öppen personen är för olika behandlingsalternativ, såsom medicinering, samtalsterapi eller en kombination av dessa. Här följer en mer detaljerad översikt över några av de vanligaste behandlingsmetoderna som används för att hjälpa personer att hantera och återhämta sig från psykisk ohälsa:

Psykoterapi (samtalsterapi)

Psykoterapi är en central behandlingsmetod för psykisk ohälsa. Det finns olika former av terapi som används beroende på diagnos och behov:

- **Kognitiv beteendeterapi (KBT):** Fokuserar på att förändra negativa tankemönster och beteenden som bidrar till psykisk ohälsa. KBT används ofta vid depression, ångest, fobier och tvångssyndrom.
- **Dialektisk beteendeterapi (DBT):** En vidareutveckling av KBT som främst används vid emotionellt instabilt personlighetssyndrom och självmordsbenägenhet. DBT lär ut färdigheter för att hantera känslor och relationer.
- **Psykodynamisk terapi:** Grundas på teorier från psykoanalysen och fokuserar på att utforska omedvetna tankar och känslor som kan ligga till grund för psykisk ohälsa. Denna terapi är ofta långsiktig och används vid depression och personlighetsrelaterade problem.
- **Interpersonell terapi (IPT):** En korttidsbehandling som fokuserar på relationer och sociala problem. Den används ofta vid depression.

- **Acceptance and Commitment Therapy (ACT):** En form av KBT som betonar acceptans av tankar och känslor snarare än att försöka förändra dem. Målet är att leva ett meningsfullt liv trots psykisk ohälsa.
- **Familje- och par terapi:** Fokuserar på att förbättra kommunikationen och relationerna inom familjen eller mellan parter, vilket kan påverka psykisk ohälsa, särskilt vid problem som ångest och depression.

Medicinsk behandling

Medicinsk behandling för psykisk ohälsa involverar användning av läkemedel för att hantera eller lindra symtom på olika psykiska tillstånd. Här är de vanligaste typerna av medicinska behandlingar som används vid psykisk ohälsa:

- **Antidepressiva:** Antidepressiva används främst för att behandla depression, men de kan även vara effektiva mot ångest och andra relaterade tillstånd. Vanliga typer inkluderar SSRI (selektiva serotoninåterupptagshämmare), SNRI (serotonin- och noradrenalinåterupptagshämmare) och TCA (try cykliska antidepressiva).
- **Antipsykotiska läkemedel:** Antipsykotiska läkemedel används främst

för att behandla schizofreni, bipolär sjukdom och ibland svår depression eller psykotiska episoder.

- **Stämningsstabiliserande läkemedel:** Stämningsstabiliserande läkemedel används främst för att behandla bipolär sjukdom och ibland svår depression. Dessa läkemedel hjälper till att stabilisera humörsvängningar, från depression till mani.
- **Ångestdämpande mediciner:** Benzodiazepiner och andra lugnande medel används ibland vid svår ångest, ätstörningar, sömnproblem eller panikattacker, men dessa kan vara beroendeframkallande och används ofta under korta perioder.
- **Sömnmediciner:** För de som lider av sömnproblem i samband med psykisk ohälsa. Ibland kan läkemedel behövas för att återställa en normal sömncykel.

Viktiga aspekter av medicinsk behandling:

- **Biverkningar:** Alla psykofarmaka kan ha biverkningar, och det är viktigt att läkare och patient diskuterar förväntade effekter samt möjliga biverkningar innan en behandling påbörjas.

- **Individanpassad behandling:** Olika personer svarar olika på samma läkemedel, och det kan ta tid att hitta rätt dos eller kombination av mediciner.
- **Kombinationsbehandling:** Läkemedel kombineras ofta med psykoterapi för att ge bästa möjliga resultat.

Medicinsk behandling är ofta en viktig del av behandlingen för personer med psykisk ohälsa, men det är vanligtvis mest effektivt när det kombineras med andra behandlingsmetoder som terapi eller livsstilsförändringar.

Elektrokonvulsiv behandling (ECT)

Används vid svår depression som inte svarat på andra behandlingsmetoder. ECT innebär att elektriska impulser sänds genom hjärnan för att utlösa en kort, kontrollerad kramp. Detta har visat sig vara effektivt i många fall av svår depression och vissa typer av psykoser.

Rehabilitering och socialt stöd

- **Psykosocial behandling:** Fokus på att hjälpa individen att fungera bättre i vardagen genom att utveckla sociala färdigheter, arbetsförmåga och stödjande relationer.
- **Stödgrupper:** Individer med liknande erfarenheter träffas och stödjer varandra.

Detta kan ge en känsla av gemenskap och minska känslan av isolering.

- **Arbetsterapi:** Hjälper personer att återgå till arbete eller skola genom att utveckla praktiska och sociala färdigheter.

Fysisk aktivitet och livsstilsförändringar

Fysisk aktivitet har visat sig vara en kraftfull metod för att förbättra både humör och mentalt välbefinnande.

- **Träning och motion:** Regelbunden fysisk aktivitet har i flera studier visat sig ha betydande och långtgående positiva effekter på den psykiska hälsan. Genom att engagera sig i fysisk träning, oavsett om det är lågintensiv träning som promenader eller mer intensiv träning som löpning eller styrketräning, kan individer märka förbättringar i sitt mentala välbefinnande. Vidare kan regelbunden fysisk träning också förbättra sömnkvaliteten, vilket är avgörande för psykiskt välbefinnande, eftersom många med psykisk ohälsa ofta lider av sömnproblem. Motion kan också hjälpa till att öka självförtroendet och förbättra kroppens självbild, faktorer som är viktiga för att hantera depression och ångest. Det sociala inslaget i vissa fysiska aktiviteter, som gruppträning eller lagsporter, kan dessutom stärka individens sociala nätverk och minska känslor av ensamhet, något som ytterligare bidrar till att förbättra den mentala hälsan.

- **Kostrådgivning:** En hälsosam och balanserad kost spelar en viktig roll för att främja och förbättra den psykiska hälsan. Genom att äta näringsrika livsmedel kan man stödja hjärnans funktioner och skapa förutsättningar för ett stabilt mentalt välbefinnande. Det finns en växande mängd forskning som visar att vad vi äter kan påverka vårt humör, vår energi och vår förmåga att hantera stress. En kost rik på näringsämnen kan bidra till att minska risken för psykiska sjukdomar som depression, ångest och kognitiv nedgång, medan en näringsfattig kost kan ha motsatt effekt och öka risken för psykisk ohälsa.

Hjälplinjer och digitala verktyg

Hjälplinjer

Hjälplinjer är en kritisk del av stödnätverket för personer som lider av psykisk ohälsa, är i kris eller bara behöver någon att prata med. Dessa tjänster erbjuder anonym och direkt kontakt med utbildade volontärer eller professionella terapeuter som kan lyssna, ge råd och vägleda individer till ytterligare hjälp om det behövs.

Olika typer av hjälplinjer:

- **Krislinjer:** Dessa linjer är särskilt utformade för att hjälpa personer som befinner sig i en akut kris, såsom självmordstankar, våld i nära relationer eller en plötslig livshändelse som är överväldigande. I Sverige är exempel på sådana tjänster Självmordslinjen, som drivs av Mind, och BRIS (Barnens Rätt i Samhället) som erbjuder stöd till unga.
- **Psykisk ohälsa-linjer:** Dessa hjälplinjer fokuserar specifikt på att hjälpa personer med ångest, depression, stress och andra psykiska problem. Jourhavande medmänniska och Röda Korsets stödlinje är exempel på tjänster som ger en plats för samtal och emotionellt stöd.
- **Specialiserade hjälplinjer:** Vissa hjälplinjer är riktade till specifika grupper, såsom äldre eller personer med missbruksproblem. Dessa linjer kan erbjuda mer riktad och skräddarsydd rådgivning

som är anpassad till den enskilda personens behov och erfarenheter.

Digitala verktyg

Med den ökande tillgången till teknologi har digitala verktyg för psykisk hälsa blivit en viktig del av behandlingslandskapet. Dessa inkluderar allt från appar för mindfulness och ångesthantering till virtuella terapiplattformar och självhjälpsresurser som är tillgängliga via webben.

Appar och självhjälpsverktyg:

- **Mindfulness-appar:** Verktyg som Headspace, Calm och Mindfulnessappen erbjuder guidade meditationer och mindfulness-övningar som kan hjälpa individer att hantera stress, ångest och andra mentala utmaningar. Dessa appar erbjuder en låg tröskel för att introducera mindfulness och avslappning i vardagen
- **KBT-appar (Kognitiv beteendeterapi):** Appar som KBT-online, Moodgym och Bluecall är utformade för att tillhandahålla evidensbaserade tekniker för att hantera ångest, depression och stress. Användarna får möjlighet att arbeta igenom självhjälpsprogram baserade på kognitiv beteendeterapi, som kan vara till hjälp i deras egen takt.
- **Må-bra-appar:** Dessa appar, såsom Happify och 7 Cups, fokuserar på att bygga upp positiva vanor och öka användarnas välbefinnande genom att

erbjuda dagliga utmaningar, motiverande aktiviteter och verktyg för att utveckla positivt tänkande.

Kapitel 8

Röster från det osynliga

Det här kapitlet är inte bara en samling av personliga berättelser. Det är en påminnelse om att vi aldrig är ensamma i våra mörkaste stunder, och att det alltid finns en väg framåt – även om den kan vara svår att se. Genom att lyssna på deras röster hoppas vi att vi alla kan lära oss något om styrkan i sårbarhet och vikten av att våga prata om det som gör ont.

Intervju med Emma, 28 år

- Tack för att du ville prata med oss idag, Emma. Kan du börja med att berätta lite om din erfarenhet med psykisk ohälsa?

Emma: Tack för att jag får möjligheten att öppna upp mig om min psykiska ohälsa. Jag har kämpat med ångest och depression sedan tonåren, men det var för när jag var runt 25 som jag verkligen började förstå vad det var jag upplevde. Jag trodde länge att det bara handlade om att jag var "svag" eller "lat", men det visade sig vara något mycket mer komplext.

- Hur upptäckte du att det var ångest och depression du brottades med?

Emma: Jag nådde en punkt där jag kände att jag inte längre klarade av vardagen. Jag isolerade mig och kände mig konstant överväldigad. Till slut gick jag till vårdcentralen, där jag fick träffa en läkare och senare en psykolog. De hjälpte mig att förstå att det jag upplevde var symptom på psykisk ohälsa och inte bara en personlig svaghet.

- Hur reagerade din omgivning när du berättade om det?

Emma: Det var blandat. Min familj försökte vara stöttande, men jag märkte att vissa inte riktigt förstod. Några vänner drog sig undan, kanske för att de inte visste hur de skulle hantera det. Men jag har också träffat andra som har liknande erfarenheter, och det har varit en stor hjälp. Att inte känna sig ensam i det här är viktigt.

- Vad har hjälpt dig mest i din resa mot att må bättre?

Emma: Terapin har varit en livlina för mig. Jag har gått i KBT (kognitiv beteendeterapi), och det har hjälpt mig att identifiera tankemönster som bidrar till min ångest. Jag har också lärt mig strategier för att hantera stress och undvika att bli överväldigad. Utöver det har jag börjat träna regelbundet, vilket har hjälpt mer än jag trodde. Och att vara snällare mot mig själv – det är en ständig övning.

- Vilket råd skulle du ge till någon som kanske känner igen sig i det du beskriver?

Emma: För det första, våga söka hjälp. Det är inte ett tecken på svaghet, utan på styrka. Och kom ihåg att du inte är ensam – även om det känns så ibland. Det finns andra som förstår och som vill hjälpa. Ta det en dag i taget, och kom ihåg att små framsteg är stora segrar.

- Tack så mycket för att du delade med dig, Emma. Det är verkligen inspirerande att höra din historia.

Emma: Tack själva. Om det jag säger kan hjälpa någon annan att känna sig mindre ensam, då är det värt det.

Intervju med Erik, 32 år

- Hej och tack för att du vill dela med dig, Erik. Kan du börja med att berätta lite om dig själv?

Erik: Hej! Självklart. Jag är 32 år gammal och bor i Göteborg. Jag jobbar som snickare och på fritiden gillar jag att spela fotboll och fixa med min motorcykel. Men under de senaste åren har jag också kämpat med psykisk ohälsa, vilket har förändrat mycket i mitt liv.

- Vad var det som fick dig att inse att du mådde dåligt?

Erik: Jag har alltid varit en person som "biter ihop" och försöker lösa saker själv. Men för några år sedan började jag känna mig konstant trött och tom, som att jag gick på autopilot. Jag blev lätt irriterad på jobbet och drog mig undan från mina vänner. Till slut började jag få ångest som jag inte kunde kontrollera. En kväll, när jag inte kunde sova för tredje natten i rad, kände jag att det inte gick längre.

- Hur reagerade du när du insåg att du behövde hjälp?

Erik: Det var en enorm inre kamp. Jag har växt upp med attityden att "riktiga män" inte visar svaghet, och jag kände mig skamsen över att jag inte kunde hantera det själv. Det tog mig flera månader att samla mod och ringa en vårdcentral. Men när jag väl gjorde det och fick en tid hos en psykolog, kändes det som en liten lättnad bara att någon lyssnade.

- Vad hjälpte dig att må bättre?

Erik: Det var en kombination av saker. Jag började gå i terapi, och där fick jag verktyg för att förstå och hantera min ångest. Jag var också sjukskriven ett tag för att kunna ta det lugnt och fokusera på att återhämta mig. Dessutom började jag träna mer regelbundet, inte för att prestera utan för att må bra. Till slut vågade jag också prata med mina vänner om hur jag mådde, och deras stöd betydde mycket.

- Hur har din syn på dig själv förändrats efter den här upplevelsen?

Erik: Jag har insett att det är okej att vara sårbar och att jag inte behöver klara allt själv. Att våga be om hjälp har faktiskt gjort mig starkare, även om det inte kändes så då. Jag har också blivit bättre på att lyssna på mina egna behov och sätta gränser.

- Hur tycker du att samhället hanterar psykisk ohälsa, särskilt bland män?

Erik: Jag tycker det har blivit bättre, men det finns fortfarande mycket stigma. Det är som att många män känner att de måste hålla uppe en fasad, och det leder bara till att fler lider i tysthet. Jag tror att det är viktigt att prata mer om det här, så att fler vågar söka hjälp utan att känna sig dömda.

- Vad skulle du vilja säga till andra män som kämpar med psykisk ohälsa?

Erik: För det första, du är inte ensam. Det är lätt att känna att man är den enda som har det tufft, men så är det inte. För det andra, våga prata med någon – en vän, familjemedlem eller en terapeut. Det kan kännas otäckt, men att sätta ord på hur man mår är ett viktigt första steg. Och kom ihåg, att ta hand om din mentala hälsa är inte ett tecken på svaghet, utan styrka.

- Tack för att du delade din historia, Erik.

Erik: Tack själva. Om det jag delar med mig kan inspirera någon annan att ta det första steget, då har det varit värt allt.

KAPITEL 9

Att överleva, förstå & läka

Den Osynliga Smärtan, en bok som förhoppningsvis har erbjudit dig en värdefull och djupgående inblick i vad psykisk ohälsa innebär på ett personligt och samhälleligt plan. Genom att skildra olika perspektiv, erfarenheter och berättelser belyser boken hur psykisk ohälsa inte är en isolerad företeelse, utan något som berör och påverkar människor i alla åldrar, yrken och livssituationer. Det är en påminnelse om att bakom varje fasad av normalitet kan det finnas en människa som kämpar med något osynligt, något som ofta hålls gömt på grund av rädsla för att bli dömd eller missförstådd.

Boken lyfter fram hur vanligt förekommande psykisk ohälsa faktiskt är i dagens samhälle och ställer det i kontrast till den tystnad och skam som ofta omger ämnet. Psykisk ohälsa är inte något som bara drabbar "någon annan"; det är en del av verkligheten för många av oss, direkt eller indirekt. Genom att synliggöra dessa realiteter vill boken bidra till att normalisera samtalet om psykisk hälsa och därigenom minska det stigma som fortfarande hindrar många från att söka hjälp eller ens erkänna sina känslor.

En central del av bokens budskap är vikten av att våga prata om psykisk ohälsa. Kommunikation är ett av de viktigaste verktygen vi har för att skapa förändring – både för individen och för samhället i stort. Genom att belysa vikten av öppna och ärliga samtal visar boken hur dessa kan bryta barriärer och göra det lättare för människor att våga dela sina upplevelser. Konkreta exempel och personliga berättelser från människor som själva har varit med om psykisk ohälsa illustrerar hur dialog inte bara kan lindra smärta utan även bygga broar av förståelse och gemenskap.

Utöver att uppmuntra samtal om psykisk hälsa tar boken också ett praktiskt grepp genom att lyfta fram de resurser och stödfunktioner som finns att tillgå. Oavsett om det handlar om professionell hjälp som terapi, psykiatrisk vård, eller andra behandlingsformer, eller om det rör sig om mer informella stödformer som självhjälpsgrupper, digitala verktyg eller stöd från närstående, ger boken en tydlig och inspirerande vägledning för att hitta rätt hjälp. Den erbjuder även insikter för anhöriga och vänner som vill stödja någon i deras resa mot återhämtning.

I grunden är syftet med *Den Osynliga Smärtan* att skapa en djupare förståelse för de osynliga kamper som så många människor går igenom, varje dag. Det handlar om att lyfta fram att ingen ska behöva känna sig ensam i sin kamp och att det finns hopp, hjälp och vägar framåt. Genom att uppmuntra till en mer öppen, medkännande och stödjande kultur kring psykisk hälsa, hoppas boken inspirera både individer och samhället att ta steg mot en verklighet där ingen osynlig smärta behöver förbli osedd eller obehandlad.

Förlag: BoD · Books on Demand, Stockholm, Sverige
Tryck: Libri Plureos GmbH, Hamburg, Tyskland
ISBN: 978-91-8080-770-8

FSC
www.fsc.org
MIX
Papper från ansvarsfulla källor
Paper from responsible sources
FSC® C105338